CORNELIA SCHINHARL

SCHMORGERICHTE

Heiß geliebte Seelenwärmer

FOTOGRAFIE: JAN F. BRETTSCHNEIDER, COCO LANG U.A.

INHALT

Öffnen Sie die Klappen dieses Buches.
Dort finden Sie die wichtigsten Infos zum Thema auf einen Blick!

DAS PRINZIP: SCHMOREN

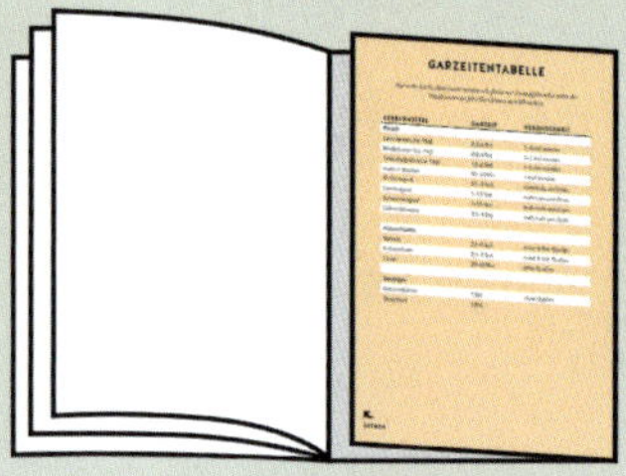

GARZEITEN-TABELLE

Immer griffbereit:

SO GEHT'S: IM BACKOFEN

Immer griffbereit:

SO GEHT'S: IM RÖMERTOPF

GU CLOU

Wussten Sie schon, dass …?
Entdecken Sie bei einigen ausgewählten Rezepten ganz besondere Tipps mit verblüffendem Insiderwissen. Aha-Momente garantiert!

Mit diesem Symbol sind alle vegetarischen Gerichte gekennzeichnet.

Die Backzeiten können je nach Herd variieren. Unsere Temperaturangaben beziehen sich auf das Backen im Elektroherd mit Ober- und Unterhitze.

REZEPTKAPITEL

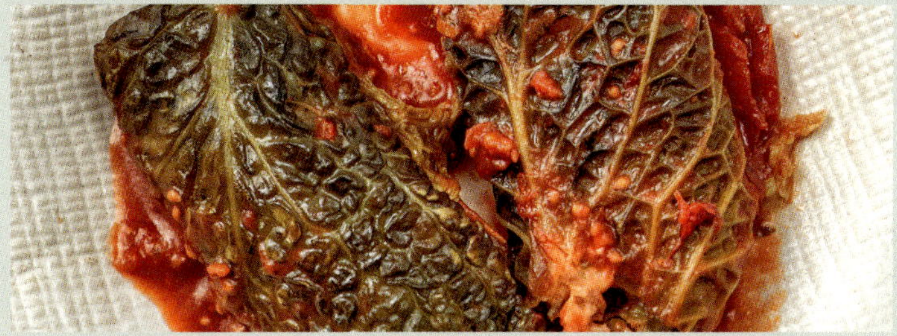

CORNELIA SCHINHARL

Wenn unsere Autorin Gäste zum Essen erwartet, stehen Schmorgerichte bei ihr immer hoch im Kurs. Sie schmecken wunderbar aromatisch, lassen sich super vorbereiten und es macht ihnen in der Regel nichts aus, wenn sie mal ein bisschen länger auf den Besuch warten müssen.

Was heißt eigentlich Schmoren?

Kommt das Thema Schmoren zur Sprache, denken die meisten von uns wohl zuerst an Gulasch, Ragout und Co. An deftige Gerichte mit Fleisch also. Und auch ich mache sehr gern ein Wiener Saftgulasch, ein Ochsenschwanzragout oder einen Coq au vin. Für diese Gerichte kann ich sogar preiswertere Stücke oder eben ein ganzes Hähnchen kaufen – was übrigens auch meinen Metzger freut. Die brauchen zwar recht viel Zeit, um mürbe zu werden, belohnen mich und meine Gäste dann aber mit besonders viel Geschmack. Denn die Aromen können sich so richtig gut entfalten, wenn man Fleisch wirklich lange gart.

Muss es immer Fleisch sein?

Nein, absolut nicht. Hülsenfrüchte kann man nach dem Einweichen ebenso gut in eher wenig Flüssigkeit schmoren als sie in reichlich Wasser zu kochen. Sie brauchen beim Schmoren zwar länger, nehmen aber in dieser Zeit die Aromen der restlichen Zutaten wunderbar an. Und auch viele Gemüsesorten kann man nach dem Anbraten in wenig Flüssigkeit etwas länger garen, denn auch sie saugen den Geschmack der anderen Zutaten im Schmortopf richtiggehend auf und schmecken dadurch einfach nochmal so gut!

Und was gibt es dazu?

Viele Schmorgerichte sind an sich schon so reichhaltig und geschmacklich rund, dass ein Stück knuspriges Brot dazu in den meisten Fällen vollkommen ausreicht. Zu geschmortem Fleisch passen aber auch Bandnudeln, Reis, Semmelknödel, Spätzle oder Kartoffeln. Und zu Gerichten mit Gemüse reiche ich auch mal Couscous, Bulgur oder eine cremige Polenta.

RINDERRAGOUT MIT 5 ZUTATEN

900 g Rindfleisch zum Schmoren (Schulter, Wade, Keule) 2 cm groß würfeln.

2 Zwiebeln und 4 Knoblauchzehen schälen und fein hacken.

2 EL Butterschmalz in einen Schmortopf geben.

Das Butterschmalz im Schmortopf erhitzen, das Fleisch darin portionsweise anbraten, herausnehmen. Zwiebeln und Knoblauch im Bratfett andünsten. Mit 400 ml Rotwein ablöschen, das Fleisch wieder dazugeben, mit Salz und Pfeffer würzen und zugedeckt bei kleiner Hitze 2–3 Std. schmoren, bis das Fleisch schön zart ist. Abschmecken und servieren.

HAUPTSACHE FLEISCH & GEFLÜGEL

Für 4 Personen • 40 Min. Zubereitung • 3 Std. Garen • Pro Portion ca. 530 kcal, 41 g E, 31 g F, 13 g KH

WIENER SAFTGULASCH

WIRTSHAUSKLASSIKER

800 g Rindfleisch zum Schmoren (Wade oder Schulter)
800 g Zwiebeln
2 Knoblauchzehen
2 EL Butterschmalz
1 TL brauner Zucker
1 TL Kümmelsamen
1 EL edelsüßes Paprikapulver
1 TL rosenscharfes Paprikapulver
1 TL Tomatenmark
300 ml helles Bier (ersatzweise Fleisch- bzw. Gemüsebrühe)
Salz, Pfeffer

TAUSCHTIPP
Statt Rindfleisch kann man dieses Rezept auch mit Wildschwein, Schwein, Lamm oder Wild wie Hirsch oder Gämse machen.

1 Das Fleisch in ca. 3 cm große Würfel schneiden. Dabei nur größere Fettstücke entfernen. Die Zwiebeln und den Knoblauch schälen und klein würfeln.

2 Das Butterschmalz in einem Schmortopf erhitzen und das Fleisch darin portionsweise bei großer Hitze rundherum anbraten, bis die Stücke nicht mehr roh aussehen. Wieder aus dem Topf nehmen.

3 Wenn alle Fleischwürfel angebraten sind, die Zwiebeln und den Knoblauch ins Bratfett geben, mit dem Zucker bestreuen und bei mittlerer Hitze unter ständigem Rühren glasig dünsten, aber nicht zu braun werden lassen.

4 Die Kümmelsamen im Mörser andrücken und mit den beiden Paprikasorten dazugeben. Kurz mitdünsten. Dann das Tomatenmark unterrühren und nochmals kurz dünsten.

5 Alles mit dem Bier ablöschen und gut verrühren. Das Fleisch wieder dazugeben und untermischen. Mit Salz und Pfeffer würzen und zugedeckt bei kleiner Hitze 2,5–3 Std. schmoren, bis das Fleisch schön zart ist. Dabei ab und zu umrühren und bei Bedarf noch etwas Flüssigkeit nachgießen.

6 Das Gulasch mit Salz und Pfeffer abschmecken, auf Teller verteilen und servieren. Dazu schmecken Salzkartoffeln, Semmelknödel oder Spätzle.

Für 4 Personen • 45 Min. Zubereitung • 2 Std. Schmoren • Pro Portion ca. 510 kcal, 47 g E, 23 g F, 8 g KH

REHRAGOUT MIT GEMÜSE

KLASSIKER

800 g Rehschulter (ersatzweise Rehkeule; ohne Knochen)
2 Zwiebeln
2 Möhren
1 Stange Lauch
2 EL Butter
2 EL Öl
Salz, Pfeffer
1 TL Mehl
1 EL Tomatenmark
ca. 400 ml trockener Rotwein
1 EL Johannisbeergelee (ersatzweise Apfelgelee)
2 Lorbeerblätter
2 TL Wacholderbeeren
50 g Crème fraîche

1 Das Fleisch in 3–4 cm große Würfel schneiden, dabei größere Fettstücke und Sehnen entfernen. Zwiebeln und Möhren schälen und fein würfeln. Den Lauch putzen, der Länge nach aufschneiden und gründlich waschen, dann in feine Streifen schneiden.

2 Butter und Öl in einem Schmortopf heiß werden lassen. Die Fleischwürfel darin bei großer Hitze in drei bis vier Portionen kräftig anbraten, salzen, pfeffern und mit dem Schaumlöffel wieder herausheben. Dann das Gemüse in den Topf geben und im Bratfett gut andünsten. Das Mehl darüberstreuen und kurz mitbraten, das Tomatenmark unterrühren und leicht anbraten. Den Rotwein dazugießen und alles mit Salz, Pfeffer und dem Johannisbeergelee abschmecken.

3 Lorbeerblätter und Wacholderbeeren einrühren. Das Fleisch wieder dazugeben und gut untermischen. Den Deckel auflegen und die Hitze auf kleinste Stufe schalten. Das Rehragout ca. 2 Std. sanft schmoren lassen, dabei ab und zu nachsehen, ob genug Flüssigkeit im Topf ist. Wenn sie knapp wird, noch mehr Wein (oder auch Brühe oder Wasser) nachgießen.

4 Zum Schluss die Crème fraîche unterrühren und das Ragout nochmals mit Salz und Pfeffer abschmecken. In einer vorgewärmten Schüssel auf den Tisch stellen. Dazu Kartoffeln, Polenta, Spätzle oder Nudeln servieren.

Für 4 Personen • 20 Min. Zubereitung • 4 Std. Garen • Pro Portion ca. 490 kcal, 31 g E, 27 g F, 9 g KH

OCHSENSCHWANZRAGOUT

KLASSISCH ITALIENISCH

1 Zwiebel
2 Möhren
2 Stangen Staudensellerie
2 kg Ochsenschwanz (in Stücken)
Salz, Pfeffer
4 EL Olivenöl
400 ml Rotwein
800 g stückige Tomaten (aus der Dose)
¼ TL Chiliflocken
2 TL Kakaopulver
1 Prise Zimtpulver

GUT ZU WISSEN
Ochsenschwanz wird nicht oft angeboten, also besser beim Metzger vorbestellen.

1 Die Zwiebel und die Möhren schälen und klein würfeln. Den Sellerie waschen, putzen und ebenfalls klein würfeln. Die Ochsenschwanzstücke mit Salz und Pfeffer würzen.

2 Das Öl in einem großen Schmortopf erhitzen und die Ochsenschwanzstücke darin portionsweise rundherum gut anbraten, wieder herausheben. Wenn alle Stücke gebraten sind, die Zwiebel und das Gemüse im Bratfett unter Rühren andünsten. Den Rotwein dazugießen und kräftig aufkochen lassen. Die Tomaten unterrühen, mit den Chiliflocken und Salz würzen.

3 Die Ochsenschwanzstücke wieder einlegen und alles bei kleiner Hitze zugedeckt 3,5–4 Std. schmoren, bis das Fleisch beginnt, von den Knochen zu fallen. Dabei ab und zu durchrühren und bei Bedarf etwas Wasser angießen.

4 Zum Schluss das Kakaopulver und den Zimt unterrühren, das Ragout abschmecken und servieren. Dazu schmeckt Brot, Kartoffelpüree oder Kürbis-Kartoffel-Püree.

Für 4 Personen: • 40 Min. Zubereitung • 1 Std. 30 Min. Garen • Pro Portion: ca. 410 kcal, 14 g E, 30 g F, 17 g KH

RINDERROULADEN

KLASSIKER MAL ETWAS ANDERS

100 g fetter Speck
8 Salbeiblätter
2 Gewürzgurken
1 EL scharfer Senf
Pfeffer
4 Rinderrouladen (à ca. 160 g)
Salz
1 Zwiebel
1 Möhre
1 Stück Sellerie (ca. 100 g)
2 EL Öl
375 ml Fleischbrühe
2 TL Tomatenmark
50 g Crème fraîche

AUSSERDEM
Küchengarn

1 Den Speck grob würfeln. Die Salbeiblätter sauber reiben und grob hacken. Beides im Blitzhacker zu einer Paste mixen. Die Gewürzgurken klein hacken und mit der Hälfte des Senfs unterrühren. Kräftig pfeffern.

2 Die Rouladen auf die Arbeitsfläche legen und mit dem Handballen etwas flacher drücken. Salzen, mit dem übrigen Senf bestreichen, die Speckpaste daraufgeben und gut verstreichen. Die Ränder der Längsseiten leicht nach innen klappen und die Fleischscheiben von der Schmalseite her zu Rouladen aufrollen. Mit Küchengarn verschnüren.

3 Zwiebel, Möhre und Sellerie schälen und sehr klein würfeln. Das Öl in einem Schmortopf erhitzen. Die Rouladen salzen und pfeffern und im Öl bei mittlerer Hitze rundherum anbraten, wieder herausnehmen. Die Gemüsewürfel im Bratfett andünsten.

4 Die Brühe in den Topf gießen und das Tomatenmark unterrühren. Die Rouladen in die Brühe legen. Die Hitze reduzieren, den Deckel auflegen und die Rouladen bei kleiner Hitze ca. 1 Std. 30 Min. schmoren, bis sie richtig schön mürbe und weich sind.

5 Die Rouladen auf vorgewärmte Teller legen. Die Sauce durch ein Sieb gießen, auffangen und wieder in den Topf gießen. Die Crème fraîche unterrühren und die Sauce mit Salz und Pfeffer abschmecken. Mit den Rouladen servieren. Dazu passen Kartoffelpüree oder kurze Nudeln.

Für 4 Personen • 45 Min. Zubereitung • 1 Std. 30 Min. Garen • Pro Portion 345 kcal, 31 g E, 14 g F, 10 g KH

OSSOBUCO

MAL ORIENTALISCH GEWÜRZT

1 Briefchen Safranfäden (0,1 g)
250 ml trockener Weißwein (ersatzweise Fleischbrühe)
1 Aubergine
400 g Tomaten
4 Knoblauchzehen
1 große Zwiebel
1 Bund Koriandergrün
1 Bund Petersilie
4 große Scheiben Kalbshaxe (mit Knochen, à ca. 250 g)
Salz, Pfeffer
4 EL Olivenöl
1 EL edelsüßes Paprikapulver
2 TL gemahlener Kreuzkümmel
2 TL gemahlener Koriander

1 Den Safran zerkrümeln und in den Wein rühren. Die Aubergine waschen, putzen und klein würfeln. Aus den Tomaten die Stielansätze herausschneiden. Die Tomaten in eine Schüssel legen, mit kochend heißem Wasser begießen und kurz ziehen lassen. Abschrecken, häuten und klein würfeln. Knoblauch und Zwiebel schälen und fein würfeln. Die Kräuter waschen, trocken schütteln und die Blätter abzupfen. 1 EL Kräuter beiseitestellen, den Rest fein hacken.

2 Die Kalbshaxenscheiben mit einem feuchten Tuch abwischen und dabei alle Knochensplitter entfernen. Mit Salz und Pfeffer würzen.

3 Das Öl in einem Schmortopf erhitzen, die Kalbfleischscheiben darin bei großer Hitze auf beiden Seiten anbraten und wieder herausnehmen.

4 Die Auberginenwürfel in den Topf geben und im Bratfett anbraten. Zwiebel, Knoblauch und Kräuter dazugeben. Die Tomatenwürfel und den Safran-Wein unterrühren. Die Sauce mit Paprika, Kreuzkümmel und Koriander würzen und leicht salzen. Die Fleischscheiben wieder einlegen, den Deckel auflegen und die Hitze reduzieren. Das Fleisch bei kleiner Hitze ca. 1 Std. 30 Min. schmoren.

5 Das Ossobuco auf Teller verteilen, mit den beiseitegestellten Kräutern bestreuen und servieren. Dazu schmeckt Reis oder Fladenbrot.

Für 4 Personen • 30 Min. Zubereitung • 2 Std. Garen • Pro Portion ca. 570 kcal, 47 g E, 29 g F, 29 g KH

WILDSCHWEINRAGOUT MIT GEMÜSE

SCHÖN WÜRZIG

800 g Wildschwein zum Schmoren (Keule oder Schulter)
300 g Zwiebeln
2 Knoblauchzehen
2 EL Butterschmalz
2 TL gelbe Currypaste (ersatzweise rote Currypaste)
1 EL Tomatenmark
600 ml Fleischbrühe (ersatzweise Gemüsebrühe)
Salz, Pfeffer
2 Lorbeerblätter
400 g Möhren
500 g festkochende Kartoffeln

TAUSCH-TIPP
Statt Wildschwein schmecken auf diese Art zubereitet auch Rindfleisch oder Lamm sehr gut.

1 Das Fleisch in ca. 3 cm große Würfel schneiden. Die Zwiebeln und den Knoblauch schälen und klein würfeln.

2 Das Butterschmalz in einem großen Schmortopf zerlassen. Die Fleischwürfel darin portionsweise rundherum kräftig anbraten und wieder herausnehmen. Wenn das gesamte Fleisch gebraten ist, die Zwiebeln und den Knoblauch im Bratfett andünsten. Die Currypaste und das Tomatenmark einrühren und kurz mit andünsten. Die Brühe dazugeben und alles gründlich verrühren.

3 Das Fleisch wieder dazugeben und das Ganze mit Salz und Pfeffer würzen und die Lorbeerblätter hinzufügen. Den Deckel auflegen und das Ragout bei kleiner Hitze ca. 1 Std. 30 Min. schmoren, bis das Fleisch fast weich ist.

4 Inzwischen die Möhren und die Kartoffeln schälen. Die Möhren leicht schräg in ca. 1 cm dicke Scheiben schneiden. Die Kartoffeln grob würfeln. Beides zum Fleisch geben und alles zugedeckt weitere 20–30 Min. schmoren, bis Gemüse und Fleisch gar sind.

5 Das Wildschweinragout mit Salz und Pfeffer abschmecken und auf vorgewärmte Teller verteilen. Dazu schmeckt Brot.

Für 4 Personen • 30 Min. Zubereitung • 1 Std. 30 Min. Garen • Pro Portion ca. 610 kcal, 37 g E, 46 g F, 10 g KH

SCHWEINEFLEISCH MIT AUSTERNSAUCE

AUS ASIENS KÜCHEN

800 g Schweinefleisch zum Schmoren (Schulter, Keule oder nicht zu fetter Bauch)
1 Stück Ingwer (ca. 4 cm lang)
4 Knoblauchzehen
1 Stange Lauch
1 rote Chilischote
4 EL Öl
2 TL Zucker
250 ml Gemüsebrühe (ersatzweise Fleischbrühe)
4 EL Sojasauce
3 EL Austernsauce
Salz
Sesamöl nach Geschmack

1 Das Fleisch in ca. 2 cm große Würfel schneiden. Den Ingwer und den Knoblauch schälen und fein hacken. Den Lauch putzen und der Länge nach aufschneiden. Gründlich waschen – auch zwischen den Schichten – und in Streifen schneiden.

2 Die Chilischote waschen, vom Stielansatz befreien und längs halbieren. Wer nicht so gern scharf isst, entfernt die Kerne: einfach mit einem Messerrücken aus den Hälften kratzen. Die Chilihälften in Streifen schneiden.

3 Das Öl in einem Schmortopf erhitzen. Das Fleisch darin portionsweise rundherum kräftig anbraten und wieder herausnehmen. Lauch, Ingwer, Knoblauch und Chili ins Öl geben, mit dem Zucker bestreuen und kurz andünsten. Dann alles mit der Brühe aufgießen und den Bratsatz gut damit lösen.

4 Das Fleisch wieder in den Topf geben und mit der Sojasauce und der Austernsauce würzen. Den Deckel auflegen und das Fleisch bei kleiner Hitze 1–1,5 Std. schmoren, bis es schön zart ist. Das Gericht mit Salz abschmecken, evtl. mit Sesamöl nachwürzen und auf vorgewärmte Schüsseln oder Teller verteilen. Dazu schmeckt Reis.

Für 4 Personen • 30 Min. Zubereitung • 1 Std. 30 Min. Garen • Pro Portion ca. 685 kcal, 41 g E, 55 g F, 8 g KH

LAMMRAGOUT MIT MANDELN

AUS INDIEN

800 g Lammschulter ohne Knochen (ersatzweise Keule)
2 Zwiebeln
4 Knoblauchzehen
1 Stück Ingwer (ca. 2 cm lang)
50 g gehäutete Mandelkerne
2 EL Butterschmalz
1 TL Korianderpulver
1 TL Kreuzkümmelpulver
1 Prise gemahlene Gewürznelken
1 Prise Zimtpulver
1 Briefchen Safranfäden
Salz, Pfeffer
100 g Sahne

1 Das Fleisch in ca. 1 cm große Stücke schneiden. Zwiebeln, Knoblauch und Ingwer schälen und fein würfeln. Die Mandeln auf einer Käsereibe fein reiben. Das Butterschmalz in einem Schmortopf erhitzen. Die gemahlenen Gewürze dazugeben und unter Rühren kurz andünsten. Zwiebeln, Knoblauch und Ingwer dazugeben und ebenfalls andünsten. Die Fleischwürfel untermischen.

2 Den Safran mit 200 ml Wasser verrühren und dazugeben. Das Fleisch mit Salz und Pfeffer würzen und den Deckel auflegen. Das Lammragout bei kleiner Hitze ca. 30 Min. schmoren. Die Mandeln und die Sahne dazugeben und alles zugedeckt ca. 1 Std. schmoren, bis das Fleisch weich ist.

3 Das Lammragout mit Salz und Pfeffer abschmecken und auf vorgewärmte Teller verteilen. Dazu schmecken Basmatireis und ein Chutney, z. B. Mango-Chutney.

Für 4 Personen • 40 Min. Zubereitung • 50 Min. Garen • Pro Portion ca. 800 kcal, 60 g E, 48 g F, 5 g KH

COQ AU VIN

KLASSIKER AUS DEM BURGUND

1 fleischiges Hähnchen (ca. 1,4 kg)
Salz, Pfeffer
150 g durchwachsener Räucherspeck
4 Zweige Thymian
1 EL Öl
3 EL Butter
2 TL Mehl
500 ml kräftiger Rotwein (z. B. Burgunder)
2 Lorbeerblätter
200 g kleine Schalotten
200 g kleine Champignons
½ Bund Petersilie

1 Das Hähnchen in 8–12 Stücke teilen, kalt abspülen, trocken tupfen, salzen und pfeffern. Den Speck in kleine Würfel schneiden, den Thymian waschen und trocken schütteln.

2 Öl und 1 EL Butter in einem Schmortopf erhitzen. Speck darin bei mittlerer Hitze knusprig braten, herausheben. Die Hühnerteile im Fett portionsweise anbraten, herausnehmen. Das Mehl einrühren und kurz anschwitzen. Die Hühnerteile einlegen, den Wein dazugießen und aufkochen lassen. Thymian und Lorbeerblätter dazugeben und das Huhn zugedeckt bei kleiner Hitze ca. 25 Min. schmoren.

3 Inzwischen Schalotten schälen, Pilze putzen und abreiben. Übrige Butter (2 EL) in einer Pfanne erhitzen, beides darin kurz offen, dann zugedeckt bei kleiner Hitze ca. 10 Min. dünsten. Speck unterrühren, alles salzen, pfeffern und zum Huhn geben. Ca. 25 Min. schmoren. Petersilie waschen, trocken schütteln, hacken und daraufstreuen.

Für 4 Personen • 50 Min. Zubereitung • 40 Min. Garen • Pro Portion ca. 495 kcal, 50 g E, 29 g F, 8 g KH

HÜHNERCURRY

WUNDERBAR WÜRZIGER GRUSS AUS INDIEN

1 Hähnchen (ca. 1,3 kg)
2 Zwiebeln
2 Knoblauchzehen
1 Stück Ingwer (ca. 10 g)
1 grüne Chilischote
4 Tomaten
1 EL scharfes Madras-Currypulver
½ TL Zimtpulver
Salz
2 EL Öl
1 kleines Bund Koriandergrün

1 Das Hähnchen kalt abspülen, trocken tupfen und die Haut abziehen. Das Hähnchen mit einem scharfen Messer und der Geflügelschere in ca. 24 Stücke teilen.

2 Die Zwiebeln schälen, vierteln und in Streifen schneiden. Knoblauch und Ingwer ebenfalls schälen und in feine Würfel schneiden. Die Chilischote waschen, Stiel entfernen, Schote hacken und mit Ingwer und Knoblauch im Mörser fein zerstoßen. Tomaten waschen oder häuten und ohne Stielansätze in kleine Würfel schneiden. Currypulver, Zimt und 1 TL Salz mischen.

3 Das Öl in einem Schmortopf erhitzen. Die Zwiebelstreifen darin bei mittlerer Hitze unter Rühren ca. 10 Min. andünsten. Die Knoblauchmischung hinzufügen und kurz andünsten. Die Tomaten dazugeben und alles offen ca. 10 Min. weiter köcheln, bis die Tomaten musig werden. Die Hähnchenstücke untermischen und zugedeckt weitere 10 Min. garen, bis sie nicht mehr roh aussehen. Dabei ab und zu umrühren.

4 Die Gewürz-Salz-Mischung gut unterrühren. Das Curry mit 250 ml Wasser aufgießen, mit Salz abschmecken und zugedeckt bei kleiner Hitze noch ca. 40 Min. garen, bis das Fleisch fast von den Knochen fällt.

5 Inzwischen den Koriander waschen und trocken schütteln, die Blätter abzupfen und fein hacken. Unter das Curry mischen, abschmecken und servieren. Dazu schmeckt Basmatireis und ein Dattel-Chutney.

HAUPTSACHE GEMÜSE

Für 4 Personen • 40 Min. Zubereitung • 30 Min. Garen • Pro Portion ca. 380 kcal, 13 g E, 24 g F, 27 g KH

WIRSINGPÄCKCHEN MIT KARTOFFEL-SPECK-FÜLLUNG

DEFTIG

500 g Kartoffeln
1 Wirsing (ca. 700 g)
Salz
100 g durchwachsener Speck
1 Zwiebel
½ Bund Petersilie
1 Ei
Pfeffer
2 EL Olivenöl
1 Dose stückige Tomaten (400 g)
200 ml Gemüsebrühe
Chiliflocken nach Geschmack

AUSSERDEM
Küchengarn (ersatzweise Zahnstocher)

1 Die Kartoffeln in Wasser zugedeckt weich kochen. Abgießen, etwas ausdampfen lassen, pellen und noch heiß durch die Kartoffelpresse drücken. Abkühlen lassen.

2 Vom Wirsing 15 Blätter ablösen. Im Topf reichlich Wasser aufkochen und salzen. Die Blätter darin ca. 2 Min. sprudelnd kochen lassen, bis sie biegsam sind. Abgießen, kalt abschrecken und abtropfen lassen. 3 Blätter fein hacken, von den restlichen Blättern die dicken Rippen flacher schneiden.

3 Den Speck klein würfeln. Die Zwiebel schälen und fein hacken. Die Petersilie waschen und trocken schütteln, die Blätter abzupfen und fein hacken. In einem Schmortopf den Speck glasig werden lassen. Die Zwiebel darin unter Rühren andünsten. Die Petersilie hinzufügen und kurz zusammenfallen lassen.

4 Die Speckmischung mit den gehackten Wirsingblättern und dem Ei zu den Kartoffeln geben. Alles salzen, pfeffern und gründlich vermischen. Die Kartoffelfüllung auf den Wirsingblättern verteilen. Die Blätter aufrollen und mit Küchengarn oder Zahnstochern verschließen.

5 Das Öl im Schmortopf erhitzen. Die Wirsingpäckchen darin leicht anbraten, wieder herausnehmen. Die Tomaten im Topf andünsten. Die Brühe angießen, die Sauce mit Salz und Chiliflocken abschmecken und die Wirsingpäckchen einlegen. Zugedeckt bei kleiner Hitze in ca. 30 Min. weich schmoren. Mit der Sauce auf Tellern anrichten.

Für 4 Personen • 8 Std. Quellen • 25 Min. Zubereitung • 2 Std. 30 Min. Garen • Pro Portion ca. 500 kcal, 28 g E, 26 g F, 36 g KH

WEISSE BOHNEN MIT FENCHEL UND SALSICCIA

AUS ITALIEN

250 g getrocknete weiße Bohnen
2 Salsicciawürste (ca. 250 g)
2 TL Fenchelsamen (ersatzweise 1 TL Anissamen)
2 rote Zwiebeln
2 Knoblauchzehen
1 Zweig Rosmarin
2 EL Olivenöl
1 EL Tomatenmark
1 Fenchel (mit viel Grün)
½ Bio-Zitrone
Salz, Pfeffer

1 Die Bohnen in einer Schüssel mit Wasser bedecken und mindestens 8 Std. oder über Nacht quellen lassen.

2 Dann die Bohnen abtropfen lassen. Die Wurstmasse aus den Häuten drücken und in kleine Stücke teilen. Die Fenchelsamen im Mörser andrücken. Die Zwiebeln und den Knoblauch schälen und fein hacken. Den Rosmarin waschen und trocken schütteln, die Nadeln abzupfen und ebenfalls fein hacken.

3 Das Olivenöl in einem Schmortopf erhitzen. Die Zwiebeln mit dem Knoblauch, den Fenchelsamen und den Wurststückchen unter Rühren anbraten, bis die Wurst nicht mehr roh aussieht. Das Tomatenmark dazugeben und kurz mitdünsten. 600 ml Wasser angießen und alles gut verrühren. Die Bohnen dazugeben und zugedeckt bei kleiner Hitze ca. 2 Std. schmoren, bis sie fast weich sind. Dabei ab und zu umrühren und bei Bedarf noch etwas mehr Wasser zugeben.

4 Inzwischen den Fenchel putzen, waschen und klein würfeln. Das Fenchelgrün hacken und beiseitelegen. Die Zitronenhälfte heiß waschen und abtrocknen, die Schale dünn abschneiden und fein hacken.

5 Den Fenchel mit der Zitronenschale unter die Bohnen rühren, alles mit Salz und Pfeffer würzen und nochmals ca. 30 Min. garen, bis der Fenchel bissfest ist und die Bohnen weich sind. Den Bohnentopf abschmecken und mit dem Fenchelgrün bestreut servieren. Dazu schmeckt Ciabatta.

Für 4 Personen • 15 Min. Zubereitung • 25 Min. Garen • Pro Portion ca. 245 kcal, 9 g EW, 16 g F, 13 g KH

SELLERIERAGOUT MIT SCHALOTTEN

WÜRZIG

300 g Schalotten
1 Sellerie (ca. 900 g)
1 TL Kümmelsamen
2 EL Butter
1 TL rosenscharfes Paprikapulver
250 ml Gemüsebrühe (ersatzweise Fleischbrühe)
Salz, Pfeffer
300 g gegartes Kassler
1 Bund Schnittlauch
150 g saure Sahne
2 TL geriebener Meerrettich (frisch oder aus dem Glas)

1 Die Schalotten schälen und je nach Größe halbieren oder vierteln. Den Sellerie schälen, putzen und in knapp 2 cm große Würfel schneiden. Die Kümmelsamen im Mörser leicht andrücken.

2 In einem Schmortopf die Butter zerlassen. Den Sellerie mit den Schalotten darin andünsten. Den Kümmel und das Paprikapulver dazugeben und alles noch kurz weiterdünsten. Die Brühe angießen, das Gemüse mit Salz und Pfeffer würzen und zugedeckt bei kleiner Hitze 20–25 Min. schmoren, bis es bissfest ist.

3 Inzwischen das Kassler in kleine Würfel schneiden. Den Schnittlauch waschen, trocken schütteln und in feine Röllchen schneiden. Das Kassler und die saure Sahne unter das Gemüse mischen und das Ganze nur warm werden lassen. Den Meerrettich untermischen, alles mit Salz und Pfeffer abschmecken und mit dem Schnittlauch bestreut servieren.

Für 4 Personen • 20 Min. Zubereitung • 1 Std. Garen • Pro Portion ca. 340 kcal, 15 g E, 25 g F, 8 g KH

SAUERKRAUT MIT CHORIZO

ANGENEHM SCHARF

1 Stange Lauch
2 Knoblauchzehen
200 g Chorizo
500 g rohes Sauerkraut
1 EL Olivenöl
250 ml Cidre (ersatzweise Weißwein oder Apfelsaft)
Salz
1 Prise Zucker
½ TL gemahlener Koriander
1 große rote Paprika
100 g saure Sahne

1 Den Lauch putzen und der Länge nach aufschneiden. Gründlich waschen, auch zwischen den Schichten, und in Streifen schneiden. Den Knoblauch schälen und fein hacken. Die Chorizo häuten und würfeln. Das Sauerkraut mit zwei Gabeln auseinanderzupfen.

2 In einem Schmortopf das Öl erhitzen. Lauch, Chorizo und Knoblauch darin andünsten. Das Sauerkraut hinzufügen und gut untermischen. Den Cidre dazugießen und alles mit Salz, dem Zucker und Koriander abschmecken. Das Sauerkraut zugedeckt bei kleiner Hitze ca. 40 Min. schmoren. Dabei ab und zu durchrühren.

3 Inzwischen die Paprika waschen, halbieren, Trennwände und Kerne entfernen und die Hälften in Würfel schneiden. Zum Sauerkraut geben und alles weitere ca. 20 Min. schmoren, bis das Sauerkraut gar ist. Die saure Sahne unterrühren, alles mit Salz abschmecken und servieren. Dazu schmecken Salzkartoffeln oder Brot.

Für 4 Personen • 35 Min. Zubereitung • 40 Min. Garen • Pro Portion ca. 340 kcal, 33 g E, 12 g F, 17 g KH

STIFADO MIT FISCH

GRIECHISCH INSPIRIERT

600 g festfleischiger Fisch (z. B. Seelachs oder Zander)
6 Knoblauchzehen
½ Bio-Zitrone
Salz, Pfeffer
4 EL Olivenöl
800 g kleine Zwiebeln (ersatzweise Schalotten)
300 g Tomaten
200 ml Weißwein
2 Lorbeerblätter
1 Prise Zimtpulver
1 Prise gemahlene Nelken
1 TL Honig

1 Den Fisch in mundgerechte Würfel schneiden. 2 Knoblauchzehen schälen und durch die Presse in eine Schüssel drücken. Die Zitronenhälfte heiß waschen und abtrocknen, die Schale fein abreiben und den Saft auspressen. Die Zitronenschale mit Salz, Pfeffer und 2 EL Olivenöl zum gepressten Knoblauch geben. Die Fischwürfel untermischen und zugedeckt marinieren.

2 Die restlichen 4 Knoblauchzehen schälen. Die Zwiebeln ebenfalls schälen. Die Tomaten mit kochendem Wasser überbrühen und häuten, anschließend klein würfeln, dabei die Stielansätze entfernen.

3 Das restliche Olivenöl (2 EL) in einem Schmortopf erhitzen. Die Zwiebeln darin rundherum anbraten. Den Knoblauch dazugeben und kurz mit andünsten. Die Tomaten mit dem Wein und den Lorbeerblättern dazugeben, alles mit Salz, Pfeffer, Zimt und Nelken würzen und zugedeckt bei kleiner Hitze ca. 30 Min. schmoren.

4 Die Zwiebeln mit dem Honig, ca. 2 TL Zitronensaft und eventuell noch mit Salz und Pfeffer abschmecken. Den Fisch auf die Zwiebeln legen, die Marinade dazugeben und den Fisch zugedeckt in weiteren 10 Min. gar ziehen lassen. Den Fisch vorsichtig unter das Gemüse heben und das Stifado servieren. Dazu schmeckt Fladenbrot.

Für 4 Personen • 20 Min. Zubereitung • 1 Std. 30 Min. Garen • Pro Portion ca. 305 kcal, 33 g E, 11 g F, 13 g KH

TOMATEN MIT TINTENFISCH UND OLIVEN

SOMMERLICH

800 g Tomaten (am besten Flaschentomaten)
Salz, Pfeffer
1 TL brauner Zucker
4 Knoblauchzehen
3 EL Olivenöl
700 g kleine Tintenfischbeutel
2 Sardellenfilets (in Olivenöl)
¼ Bund Thymian
100 ml trockener Weißwein (ersatzweise Fischfond)
4 EL kleine Oliven (mit Stein)
½ Bund Basilikum

1 Die Tomaten mit kochendem Wasser überbrühen und häuten. Dann der Länge nach halbieren und mit Salz, Pfeffer und dem Zucker bestreuen. Den Knoblauch schälen und halbieren.

2 Das Öl in einem Schmortopf erhitzen und die Tomaten mit den Schnittflächen nach unten hineinlegen. Den Knoblauch darauf verteilen und die Tomaten zugedeckt bei kleiner Hitze ca. 30 Min. schmoren, bis sie braun werden.

3 Inzwischen die Tintenfischbeutel waschen und, falls nötig, das durchsichtige, feste Fischbein herausziehen. Die Sardellenfilets abtropfen lassen und fein würfeln. Den Thymian waschen, trocken schütteln und die Blättchen abstreifen.

4 Die Tintenfische mit den Sardellen, dem Thymian und dem Wein zu den Tomaten geben. Alles locker mischen, mit Salz und Pfeffer abschmecken und zugedeckt noch ca. 1 Std. schmoren, bis die Tintenfische zart sind. Die Oliven dazugeben und nur kurz erwärmen.

5 Das Basilikum waschen und trocken schütteln, die Blätter abzupfen und fein hacken. Das Ragout abschmecken und mit dem Basilikum bestreut servieren. Dazu passt Weißbrot.

Für 4 Personen • 20 Min. Zubereitung • 40 Min. Garen • Pro Portion ca. 400 kcal, 36 g E, 18 g F, 24 g KH

KARTOFFELN UND HUHN IN KOKOSMILCH

SCHARF-PIKANTES AUS VIETNAM

1 Stängel Zitronengras
1 Stück Ingwer (ca. 4 cm lang)
2 rote Chilischoten
1 Bio-Limette
2 TL gemahlene Kurkuma
3 Hähnchenkeulen
500 g festkochende Kartoffeln
4 Schalotten
2 EL Öl
1 Dose Kokosmilch (400 g)
Salz

UND DAZU?
Auch wenn Kartoffeln im Spiel sind, gibt es in Asien traditionell Reis zu diesem Gericht.

1 Das Zitronengras waschen, die äußere Schicht und die Enden entfernen. Ingwer schälen, Chilischoten waschen und vom Stiel befreien. Alles zusammen sehr fein hacken oder im Blitzhacker zerkleinern. Die Limette heiß waschen und abtrocknen, die Schale fein abreiben und mit der Kurkuma untermischen. Den Saft auspressen.

2 Die Hähnchenkeulen waschen und trocken tupfen, mit den Knochen mit einem Messer und der Geflügelschere in ca. 2 cm große Stücke schneiden. Die Kartoffeln schälen, waschen und ebenfalls in ca. 2 cm große Würfel schneiden. Die Schalotten schälen und vierteln.

3 Das Öl in einem Schmortopf erhitzen. Die Hühnerstücke dazugeben, bei großer Hitze rundherum anbraten und wieder herausnehmen. Die Würzpaste in den Topf geben und kurz anbraten. Die Kokosmilch und 125 ml Wasser dazugießen, alles salzen und die Hühnerstücke wieder einlegen. Zugedeckt bei kleiner Hitze ca. 20 Min. schmoren.

4 Die Kartoffeln und die Schalotten dazugeben und alles weitere 15–20 Min. schmoren, bis Huhn und Kartoffeln gar sind. Abschmecken und servieren.

VEGGIE AUS DEM SCHMORTOPF

4 Personen • 30 Min. Zubereitung • 40 Min. Garen • Pro Portion ca. 220 kcal, 5 g E, 16 g F, 13 g KH

RATATOUILLE

KLASSIKER AUS SÜDFRANKREICH

400 g Zucchini
1 Aubergine (ca. 300 g)
1 große rote Paprika
1 große gelbe Paprika
500 g Tomaten
1 große rote Zwiebel
4 Knoblauchzehen
¼ Bund Thymian
6 EL Olivenöl
1 TL Tomatenmark
Salz, Pfeffer

1 Das Gemüse waschen. Zucchini und Aubergine putzen und getrennt knapp 1 cm groß würfeln. Die Paprika vierteln, Trennwände und Kerne entfernen und die Viertel in Streifen schneiden. Die Stielansätze der Tomaten keilförmig herausschneiden. Die Tomaten mit kochendem Wasser überbrühen, häuten und klein würfeln. Zwiebel und Knoblauch schälen und fein hacken. Den Thymian waschen, trocken schütteln und die Blättchen abstreifen.

2 In einem Schmortopf 4 EL Olivenöl erhitzen. Die Auberginenwürfel darin leicht braun anbraten. Zucchini und Paprika mit dem restlichen Öl (2 EL) dazugeben und kurz weiterbraten. Zwiebel, Knoblauch und Thymian untermischen und andünsten.

3 Tomatenwürfel und Tomatenmark unterrühren, alles salzen und pfeffern. Zugedeckt bei kleiner Hitze 30–40 Min. schmoren, ab und zu umrühren. Abschmecken und lauwarm mit Weißbrot servieren.

Für 4 Personen • 30 Min. Zubereitung • 20 Min. Garen • Pro Portion ca. 230 kcal, 6 g E, 7 g F, 35 g KH

KARTOFFEL-PAPRIKA-GULASCH

BESTE HAUSMANNSKOST

2 Zwiebeln
2 Knoblauchzehen
2 rote Paprika
1 gelbe Paprika
2 Tomaten
700 g festkochende Kartoffeln
2 EL Butter
1 TL edelsüßes Paprikapulver
1 TL rosenscharfes Paprikapulver
125 ml Gemüsebrühe
Salz, Pfeffer
½ Bund Petersilie

1 Die Zwiebeln schälen, vierteln und in feine Streifen schneiden. Den Knoblauch schälen und in Scheiben schneiden. Die Paprika waschen, vierteln, Trennwände und Kerne entfernen und die Viertel in Streifen schneiden. Die Tomaten waschen oder häuten und ohne die Stielansätze in Würfel schneiden. Die Kartoffeln schälen, waschen und in gut 1 cm große Würfel schneiden.

2 Die Butter in einem Schmortopf zerlassen. Zwiebeln, Knoblauch und Kartoffeln darin andünsten. Mit dem Paprikapulver bestreuen, mit der Brühe aufgießen und zugedeckt bei mittlerer Hitze ca. 10 Min. schmoren. Paprika und Tomaten untermischen, das Ganze mit Salz und Pfeffer würzen und weitere 10 Min. schmoren.

3 Die Petersilie waschen und trocken schütteln, die Blätter abzupfen und fein hacken. Unter das Kartoffelgulasch mischen, das Gericht abschmecken und auf Teller verteilen.

Für 4 Personen • 25 Min. Zubereitung • 25 Min. Garen • Pro Portion ca. 345 kcal, 12 g E, 17 g F, 37 g KH

KARTOFFELCURRY MIT MOHN

AUS INDIEN

700 g festkochende Kartoffeln
1 Bund Frühlingszwiebeln
250 g Brokkoli
3 reife Tomaten
1 Stück Ingwer (ca. 3 cm lang)
2 rote Chilischoten
3 EL Butter
1 EL Madras-Currypulver
½ TL Zimtpulver
250 g Joghurt
Salz
4 EL Mohnsamen

1 Die Kartoffeln schälen, waschen und in 2 cm große Würfel schneiden. Die Frühlingszwiebeln waschen, putzen und mit dem knackigen Grün in 2 cm lange Stücke schneiden. Brokkoli putzen, waschen und in Röschen teilen. Die Tomaten mit kochendem Wasser überbrühen, kurz ziehen lassen, kalt abschrecken und häuten. Die Tomaten in kleine Würfel schneiden, dabei die Stielansätze entfernen.

2 Den Ingwer schälen und erst in Scheiben, dann in feine Streifen schneiden. Die Chilischoten waschen und die Stiele abschneiden. Die Chilis mit den Kernen in feine Ringe schneiden.

3 In einem Schmortopf 2 EL Butter erhitzen. Kartoffeln und Brokkoli einrühren und bei mittlerer Hitze unter Rühren 2–3 Min. braten. Zwiebelstücke, Ingwer und Chili dazugeben und alles weitere 1–2 Min. braten. Das Currypulver darüberstreuen und kurz anbraten.

4 Tomaten, Zimt und Joghurt dazugeben, alles salzen und zugedeckt bei kleiner Hitze ca. 20 Min. schmoren, bis die Kartoffelwürfel bissfest sind.

5 Die restliche Butter (1 EL) in einem Pfännchen zerlassen. Den Mohn dazugeben und unter Rühren anrösten, bis er fein duftet. Das Curry mit Salz und Pfeffer abschmecken, auf Teller verteilen und jede Portion mit Mohn bestreuen.

Für 4 Personen • 25 Min. Zubereitung • 25 Min. Garen • Pro Portion ca. 250 kcal, 13 g E, 13 g F, 19 g KH

SCHMORZWIEBELN MIT FETA

SCHMECKT AUCH LAUWARM

800 g kleine Zwiebeln
4 Knoblauchzehen
1 rote Paprika
1 gelbe Paprika
1 Bio-Orange
2 Zweige Rosmarin
1 Zweig Salbei
2 EL Olivenöl
1 TL Zucker
Salz, Pfeffer
2 TL rosenscharfes Paprikapulver
180 g Schafskäse (z. B. Feta)

1 Die Zwiebeln schälen und je nach Größe halbieren oder ganz lassen. Die Knoblauchzehen schälen und vierteln. Die Paprika waschen, vierteln, Trennwände und Kerne entfernen und die Viertel quer in Streifen schneiden. Die Orange heiß waschen und abtrocknen. Die Schale fein abreiben und den Saft auspressen. Die Kräuter waschen und trocken schütteln. Die Nadeln bzw. Blätter von den Stielen zupfen und fein hacken.

2 Das Öl in einem Schmortopf erhitzen. Die Zwiebeln einrühren, mit dem Zucker bestreuen und unter Rühren goldgelb andünsten.

3 Die Kräuter mit dem Knoblauch und den Paprikastreifen dazugeben und kurz mit andünsten. Den Orangensaft und die -schale dazugeben, mit 50 ml Wasser aufgießen. Alles mit Salz, Pfeffer und dem Paprikapulver abschmecken und zugedeckt bei kleiner Hitze ca. 25 Min. schmoren.

4 Inzwischen den Feta in kleine Stücke krümeln. Das Zwiebelgemüse abschmecken und mit dem Feta bestreut servieren. Dazu schmecken 1 Schuss Olivenöl, Oliven und Fladenbrot.

Für 4 Personen • 8 Std. Einweichen • 30 Min. Zubereitung • 3 Std. Garen •
Pro Portion ca. 365 kcal, 15 g E, 15 g F, 40 g KH

KICHERERBSEN ORIENTALISCH

WÄRMEND

250 g getrocknete Kichererbsen
1 Aubergine
1 Bund Frühlingszwiebeln
4 Knoblauchzehen
4 EL Olivenöl
3 TL Ras el Hanout
1 Dose stückige Tomaten (400 g)
1 TL Harissa (scharfe Würzpaste)
½ Bund Koriandergrün (ersatzweise Petersilie)
½ Bio-Zitrone
Salz

1 Kichererbsen mit Wasser bedeckt 8 Std. oder über Nacht einweichen. Abtropfen lassen. Aubergine waschen, putzen und klein würfeln. Frühlingszwiebeln waschen, putzen und in Ringe schneiden. Etwas Grün beiseitelegen. Knoblauch schälen und fein hacken.

2 Das Öl in einem Schmortopf erhitzen und die Aubergine darin andünsten. Zwiebelringe, Knoblauch und Kichererbsen dazugeben und kurz mitdünsten. Mit Ras el Hanout bestreuen. Tomaten, 400 ml Wasser und Harissa einrühren und die Kichererbsen zugedeckt bei kleiner Hitze 2,5–3 Std. schmoren, bis sie weich sind. Ab und zu umrühren und bei Bedarf Wasser nachgießen.

3 Inzwischen Koriander waschen und trocken schütteln, Blätter abzupfen und fein hacken. Zitrone heiß waschen und abtrocknen, die Schale fein abreiben und den Saft auspressen. Kichererbsen mit Koriander, Zitronenschale, Salz und ca. 3 TL Zitronensaft abschmecken.

Für 4 Personen • 25 Min. Zubereitung • 40 Min. Garen • Pro Portion ca. 590 kcal, 21 g E, 24 g F, 48 g KH

LINSEN MIT FELDSALATPESTO

VEGAN

50 g Feldsalat
50 g Kürbiskerne
5 EL Kürbiskernöl (ersatzweise Olivenöl)
Salz, Pfeffer
1 Stück Kürbis (ca. 500 g; z. B. Butternut oder Hokkaido)
1 Stange Lauch
2 EL Olivenöl
250 g braune Linsen (ersatzweise grüne Linsen)
300 ml trockener Weißwein
300 ml leichte Gemüsebrühe
2 EL Apfelessig

1 Für das Pesto den Feldsalat waschen, putzen, trocken schütteln und grob hacken. Die Kürbiskerne in einem Schmortopf ohne Fett unter Rühren leicht braun braten. Kurz abkühlen, dann mit Feldsalat und Kürbiskernöl fein pürieren. Mit Salz und Pfeffer abschmecken.

2 Aus dem Kürbis die Kerne mit dem weichen Fruchtfleisch herauslösen. Den Kürbis schälen und klein würfeln. Den Lauch putzen, längs halbieren, gründlich waschen und in Streifen schneiden.

3 Das Öl in einem Schmortopf erhitzen. Den Kürbis mit dem Lauch darin andünsten. Die Linsen dazugeben und kurz mit andünsten. Den Wein und die Brühe angießen und die Linsen zugedeckt bei kleiner Hitze 30–40 Min. schmoren, bis sie weich, aber nicht zerfallen sind. Ab und zu durchrühren und bei Bedarf noch etwas Wasser dazugeben. Den Essig dazugeben, die Linsen mit Salz und Pfeffer abschmecken und mit dem Pesto servieren.

Für 4 Personen • 30 Min. Zubereitung • 1 Std. Garen • Pro Portion ca. 405 kcal, 19 g E, 20 g F, 36 g KH

PAPRIKASCHOTEN MIT GRAUPENFÜLLUNG

SOMMERLICHER GENUSS

150 g Graupen (Rollgerste)
Salz
1 Bund Basilikum
2 Frühlingszwiebeln
2 Knoblauchzehen
½ Bio-Zitrone
4 getrocknete Tomaten (in Öl)
150 g Bergkäse
Pfeffer
2 EL Olivenöl
500 g stückige Tomaten (Tetrapak)
4 gleich große Paprika

1 Die Graupen mit 300 ml Wasser und Salz zum Kochen bringen und zugedeckt bei mittlerer Hitze ca. 10 Min. garen. Auf der abgeschalteten Herdplatte offen nachziehen und lauwarm abkühlen lassen.

2 Das Basilikum waschen und trocken schütteln. Die Blätter abzupfen und fein hacken. Die Frühlingszwiebeln waschen, putzen und mit dem knackigen Grün in Ringe schneiden. Den Knoblauch schälen und fein hacken. Die Zitronenhälfte heiß waschen und abtrocknen, die Schale fein abreiben. Die Tomaten abtropfen lassen und klein würfeln. Den Käse ggf. entrinden und reiben.

3 Die Graupen mit dem gehackten Basilikum, der Hälfte der Frühlingszwiebeln, der Zitronenschale, den Tomaten und dem Käse verrühren. Mit Salz und Pfeffer abschmecken.

4 Das Öl in einem Schmortopf erhitzen, die restlichen Zwiebelringe und den Knoblauch darin andünsten. Die stückigen Tomaten dazugeben, mit Salz und Pfeffer würzen und zugedeckt ca. 10 Min. schmoren.

5 Inzwischen die Paprika waschen und jeweils einen Deckel abschneiden, die Stiele entfernen. Die Trennhäute mit den Kernen herauslösen, das Innere leicht salzen und die Graupenmischung auf die Schoten verteilen. Die Deckel aufsetzen, die Schoten in die Sauce setzen und bei kleiner Hitze zugedeckt ca. 40 Min. schmoren. Die Paprika mit der Sauce servieren.

Für 4 Personen • 20 Min. Zubereitung • 30 Min. Garen • Pro Portion ca. 170 kcal, 4 g EW, 9 g F, 14 g KH

GESCHMORTER CHICORÉE

WINTERLICHER GENUSS

6 Stauden Chicorée (ca. 900 g)
4 Schalotten
2 Knoblauchzehen
8 Zweige Thymian
1 Bio-Orange
2 EL Butter
¼ TL Chiliflocken
100 ml trockener Weißwein
2 TL Honig
Salz
50 g Sahne

1 Den Chicorée putzen, waschen und längs halbieren. Die Schalotten schälen, halbieren und in feine Streifen schneiden. Den Knoblauch schälen und fein hacken. Den Thymian waschen, trocken schütteln und die Blättchen abstreifen.

2 Orange heiß waschen und abtrocknen, die Schale fein abreiben, den Saft auspressen. Die Butter in einem großen Schmortopf zerlassen. Die Chicoréehälften hineingeben und von beiden Seiten anbraten, herausnehmen. Schalotten, Knoblauch, Thymian und Chiliflocken in den Schmortopf geben und andünsten. Mit dem Orangensaft und dem Wein ablöschen. Die Sauce mit der Orangenschale, dem Honig und Salz abschmecken, die Sahne unterrühren.

3 Den Chicorée wieder einlegen und zugedeckt bei mittlerer Hitze ca. 30 Min. schmoren. Die Sauce abschmecken und mit dem Chicorée servieren. Dazu passen Salzkartoffeln oder Reis.

Für 4 Personen • 30 Min. Zubereitung • 45 Min. Garen • Pro Portion ca. 280 kcal, 8 g E, 12 g F, 32 g KH

ROTE-BETE-RAGOUT

FRISCH UND WÜRZIG

50 g Walnusskerne
900 g Rote Bete
1 Bund Frühlingszwiebeln
2 TL Kreuzkümmelsamen
1 EL brauner Zucker
1 Prise Chilipulver
1 TL Honig
Salz
1 EL Öl
150 ml Apfelsaft
1 Salzzitrone
Salz, Pfeffer

1 Die Walnusskerne hacken. Die Roten Beten schälen und in gut 1 cm große Würfel schneiden. Die Frühlingszwiebeln putzen, waschen und in feine Ringe schneiden. Etwas Grün beiseitelegen. Den Kreuzkümmel im Mörser leicht andrücken.

2 Die Walnusskerne mit dem Zucker in einem Schmortopf unter Rühren erwärmen, bis der Zucker leicht bräunt. Das Chilipulver und den Honig untermischen und die Nüsse leicht salzen. Herausnehmen und auf einem Teller abkühlen lassen.

3 Das Öl im Schmortopf erhitzen. Die Roten Beten darin andünsten. Zwiebelringe und Kreuzkümmel kurz mitdünsten. Den Apfelsaft angießen, die Roten Beten salzen und zugedeckt bei kleiner Hitze ca. 45 Min. schmoren, bis sie gar sind, ab und zu umrühren. Die Salzzitrone würfeln, mit dem Zwiebelgrün untermischen und alles mit Salz und Pfeffer abschmecken. Mit den Walnüssen bestreuen.

Für 4 Personen • 30 Min. Zubereitung • 40 Min. Garen • Pro Portion ca. 330 kcal, 21 g E, 12 g F, 35 g KH

KOHLROULADEN MIT LINSENFÜLLUNG

WÜRZIGER GENUSS

200 g rote Linsen
Salz
1 Kopf Spitzkohl
1 Stück Ingwer (ca. 2 cm lang)
2 Frühlingszwiebeln
3 EL geröstete, gesalzene Erdnusskerne
1 Bio-Limette
1 Ei
1 TL scharfes Currypulver
2 EL Öl
200 ml Gemüsebrühe

AUSSERDEM
Küchengarn (ersatzweise Zahnstocher)

1 Die Linsen mit knapp 400 ml Wasser und Salz in einem Topf zum Kochen bringen. Zugedeckt bei kleiner Hitze ca. 10 Min. garen, bis sie weich sind. Auf der abgeschalteten Herdplatte nachziehen und abkühlen lassen.

2 Vom Spitzkohl vorsichtig 15 Blätter ablösen. In einem Schmortopf Wasser zum Kochen bringen und salzen. Die Kohlblätter darin ca. 1 Min. sprudelnd kochen lassen, bis sie biegsam sind. Kalt abschrecken und abtropfen lassen. 3 Blätter sehr fein hacken.

3 Ingwer schälen und fein hacken. Frühlingszwiebeln waschen, putzen und mit dem knackigen Grün klein schneiden. Erdnusskerne fein hacken. Limette heiß waschen und abtrocknen, die Schale fein abreiben, eine Hälfte auspressen.

4 Die gehackten Kohlblätter mit Ingwer, Frühlingszwiebeln, Erdnusskernen, Limettenschale und dem Ei zu den Linsen geben. Alles gründlich vermischen und mit dem Currypulver und Salz abschmecken. Die Masse auf den Spitzkohlblättern verteilen. Die Kohlblätter aufrollen und mit Küchengarn oder Zahnstochern verschließen.

5 Das Öl im Schmortopf erhitzen und die Kohlrouladen darin rundherum anbraten. Die Brühe angießen und die Rouladen zugedeckt bei kleiner Hitze ca. 30 Min. schmoren. Die Sauce mit Limettensaft und Salz abschmecken und mit den Kohlrouladen auf Tellern anrichten. Dazu schmecken Salzkartoffeln.

Für 4 Personen • 8 Std. Einweichen • 20 Min. Zubereitung • 2 Std. 30 Min. Garen •
Pro Portion ca. 480 kcal, 28 g E, 21 g F, 37 g KH

CHILI SIN CARNE

VEGAN

250 g getrocknete rote Bohnen (ersatzweise Borlottibohnen)
250 g Zwiebeln
4 Knoblauchzehen
400 g Tofu
5 EL Olivenöl
Salz
1 Dose stückige Tomaten (400 g)
3 TL Chilisauce
1 TL gemahlener Kreuzkümmel
½ Bund Petersilie
1 EL Aceto balsamico

1 Die Bohnen in einer Schüssel mit Wasser bedecken und mindestens 8 Std. oder über Nacht quellen lassen. Dann in einem Sieb abtropfen lassen.

2 Die Zwiebeln und den Knoblauch schälen und in kleine Würfel schneiden. Den Tofu abtropfen lassen, trocken tupfen und in kleine Stücke krümeln.

3 In einem Schmortopf 4 EL Olivenöl erhitzen. Den Tofu einrühren, salzen und bei mittlerer bis großer Hitze unter gelegentlichem Rühren braten, bis er goldgelb wird. Den Tofu wieder herausnehmen und beiseitestellen.

4 Das restliche Öl (1 EL) in den Topf geben und die Zwiebeln und den Knoblauch darin andünsten. Die Bohnen mit den stückigen Tomaten und 400 ml Wasser dazugeben und mit der Chilisauce und dem Kreuzkümmel würzen. Die Bohnen zugedeckt bei kleiner Hitze 2–2,5 Std. garen, bis sie weich sind. Dabei ab und zu umrühren und bei Bedarf noch etwas Wasser angießen.

5 Wenn die Bohnen gar sind, die Petersilie waschen und trocken schütteln, die Blätter abzupfen und fein hacken. Den Tofu unter die Bohnen rühren und das Chili mit Salz und dem Balsamico abschmecken. Mit der Petersilie bestreut servieren. Dazu schmecken Tortillas oder Brot.

Für 4 Personen • 20 Min. Zubereitung • 30 Min. Garen • Pro Portion ca. 365 kcal, 11 g E, 26 g F, 11 g KH

VEGGIE-BOLO

VEGAN

15 g getrocknete Steinpilze
200 ml trockener Rotwein
1 Möhre
1 Stange Staudensellerie
1 Zwiebel
2 Knoblauchzehen
150 g Sonnenblumenkerne
3 EL Olivenöl
1 TL getrockneter Oregano
1 Dose stückige Tomaten (400 g)
Salz, Pfeffer

1 Die Steinpilze in einer Schüssel mit dem Wein bedecken. Die Möhre putzen und schälen, den Sellerie waschen und putzen und beides klein würfeln. Die Zwiebel und den Knoblauch schälen und fein hacken. Die Sonnenblumenkerne grob hacken. Die Pilze abtropfen lassen und klein würfeln, den Wein aufheben.

2 In einem Schmortopf 1 EL Olivenöl erhitzen, die Sonnenblumenkerne darin unter Rühren goldbraun anbraten, herausnehmen. Restliches Öl (2 EL) in den Topf geben. Gemüse, Zwiebel und Knoblauch hinzufügen und andünsten. Die eingeweichten Pilze mit dem Oregano kurz mitdünsten. Die Sonnenblumenkerne wieder dazugeben.

3 Die Pilzeinweichflüssigkeit sowie die stückigen Tomaten unterrühren und alles mit Salz und Pfeffer würzen. Den Sugo zugedeckt bei kleiner Hitze ca. 30 Min. schmoren. Abschmecken und mit al dente gekochten Spaghetti servieren.

Für 4 Personen • 20 Min. Zubereitung • 1 Std. Garen • Pro Portion ca. 310 kcal, 8 g E, 18 g F, 29 g KH

GRÜNKERN MIT SPARGEL

FRÜHLINGSGERICHT

500 g grüner Spargel
2 Frühlingszwiebeln
2 Knoblauchzehen
2 EL Butter
1 EL Öl
Salz
150 g Grünkern
500 ml Gemüsebrühe
1 Handvoll Kerbel
½ Bio-Zitrone
100 g Crème fraîche
Pfeffer

1 Den Spargel waschen und die holzigen Enden abschneiden. Spargel in ca. 2 cm lange Stücke schneiden. Die Frühlingszwiebeln waschen, putzen und in feine Ringe schneiden. Den Knoblauch schälen und hacken. In einem Schmortopf die Butter mit dem Öl erhitzen. Den Spargel dazugeben, salzen und unter Rühren ca. 4 Min. braten. Wieder herausnehmen.

2 Zwiebelringe und Knoblauch im Bratfett andünsten. Den Grünkern dazugeben und kurz anbraten. Die Brühe dazugießen und den Grünkern zugedeckt bei kleiner Hitze in ca. 1 Std. weich schmoren.

3 Den Kerbel waschen, trocken schütteln und fein hacken. Die Zitrone heiß waschen und abtrocknen, die Schale fein abreiben, den Saft auspressen. Spargel, Crème fraîche und Zitronenschale zum Grünkern geben und erhitzen. Mit Salz, Pfeffer und ca. 2 TL Zitronensaft abschmecken. Zum Schluss den Kerbel untermischen.

REGISTER

Vegetarische Rezepte, die im Buch mit einem ❦ gekennzeichnet sind, sind hier grün abgesetzt.

Abkürzungsverzeichnis:
E = Eiweiß
EL = Esslöffel (gestrichen)
F = Fett
kcal = Kilokalorien
KH = Kohlenhydrate
Msp. = Messerspitze
Pck. = Päckchen
TK = Tiefkühl
TL = Teelöffel (gestrichen)
Ø = Durchmesser

LIEBE LESERINNEN UND LESER,

wir wollen Ihnen mit diesem Buch Informationen und Anregungen geben, um Ihnen das Leben zu erleichtern oder Sie zu inspirieren, Neues auszuprobieren. Wir achten bei der Erstellung unserer Bücher auf Aktualität und stellen höchste Ansprüche an Inhalt und Gestaltung. Alle Anleitungen und Rezepte werden von unseren Autoren, jeweils Experten auf ihren Gebieten, gewissenhaft erstellt und von unseren Redakteur*innen mit größter Sorgfalt ausgewählt und geprüft.

Haben wir Ihre Erwartungen erfüllt? Sind Sie mit diesem Buch und seinen Inhalten zufrieden? Wir freuen uns auf Ihre Rückmeldung. Und wir freuen uns, wenn Sie diesen Titel weiterempfehlen, in Ihrem Freundeskreis oder bei Ihrem Online-Kauf.

Sollten wir Ihre Erwartungen so gar nicht erfüllt haben, tauschen wir Ihnen Ihr Buch jederzeit gegen ein gleichwertiges zum gleichen oder ähnlichen Thema um.

KONTAKT ZUM LESERSERVICE

GRÄFE UND UNZER VERLAG
Grillparzerstraße 12
81675 München
www.gu.de

IMPRESSUM

Postfach 860366, 81630 München

GU ist eine eingetragene Marke der GRÄFE UND UNZER VERLAG GmbH, www.gu.de

ISBN 978-3-8338-9062-8
3. Auflage 2025

Projektleitung: Monika Greiner
Lektorat: Katharina Lisson
Korrektorat: Waltraud Schmidt
Gesamtgestaltung: independent Medien-Design, München
Umschlaggestaltung: ki36 Editorial Design, Sabine Krohberger, München
Herstellung: Gloria Schlayer
Satz: Eberl & Koesel Studio GmbH
Reproduktion: medienprinzen GmbH
Druck und Bindung: Firmengruppe APPL, aprinta druck, Wemding
Printed in Germany

Danke! Wir danken Le Creuset für die Bereitstellung der schönen Töpfe und Bräter aus ihrem Sortiment.

Bildnachweis:
Jan C. Brettschneider: Cover, S. 06-59 und Stepfotos auf den Klappen
Coco Lang: S. 01, 05 und Stillleben auf den Klappen
Mathias Neubauer: S. 23
Wolfgang Schardt: S. 25
Pete A. Eising: S. 04 Autorenfoto

Umwelthinweis:
Nachhaltigkeit ist uns sehr wichtig. Der Rohstoff Papier ist in der Buchproduktion hierfür von entscheidender Bedeutung. Daher ist dieses Buch auf PEFC-zertifiziertem Papier gedruckt. PEFC garantiert, dass ökologische, soziale und ökonomische Aspekte in der Verarbeitungskette unabhängig überwacht werden und lückenlos nachvollziehbar sind.

Bildagentur Image Professionals GmbH, Tumblingerstr. 32, 80337 München, www.image-professionals.com

Die GU-Homepage finden Sie unter www.gu.de

Die Autorin

Cornelia Schinharl

ist vielfach ausgezeichnete Foodjournalistin und Kochbuchautorin. Sie gibt seit vielen Jahren ihren großen Erfahrungssschatz an ihre Leserinnen weiter. Für dieses Buch hat sie ihre liebsten Schmorgerichte zusammengestellt – sie wärmen Körper und Seele und das nicht nur zur Winterzeit.

Der Fotograf

Jan C. Brettschneider

ist Foodfotograf in Hamburg, zusammen mit Thomas Lauterbach (Foodstyling) hat er die herz- und seelewärmenden Schmorgerichte stimmungsvoll in Szene gesetzt.